アルケミスト双書　タロットの美術史〈3〉

皇帝・教皇

鏡 リュウジ

★

The Emperor & The Hierophant

Ryuji Kagami

はじめに

秘教や神話の伝統では、人は二重の生命を持つと考えられる。
ひとつは大地から生まれたこの物質という肉体としての生命。
そしてもうひとつは星の世界からやってきた霊的な生命。
15世紀のフィレンツェで活躍した哲学者にして占星術師、
そして何よりも医師であったマルシリオ・フィチーノは
自らを肉体のみならず「魂の」医師でもあったと述べたというが、
その背景にはこの思想が反映されていたのかもしれない。
伝統的な西洋社会における世俗の権力と精神的な権力の二重性も、
この背景を考えると理解しやすくなるだろう。
人には2人の大いなる「父」が存在する。
ひとりはこの世俗の社会における統治者「皇帝」（王）であり、
もうひとりは霊的権威者としての「教皇」である。
彼らはタロットの札の中で強くその存在感を放っている。
「皇帝」と「教皇」はそれぞれのかたちで人々を導き、統治する。
彼らは社会の「現実」としても、あるいは一人ひとりの内的世界にも存在する。
僕たちは彼らといかに対峙していくことができるだろうか。

鏡 リュウジ

ジャン＝オーギュスト＝ドミニク・アングル
《玉座のナポレオン》 1806 軍事博物館蔵（パリ）

ウェイト＝スミス版〈皇帝〉
Waite-Smith Tarot
1910　イギリス／ロンドン　夢然堂蔵

皇
帝

冠 に笏、宝珠といった権力の象徴を身につけ、
威厳に満ちた姿を見せる「皇帝」。現実世界
では帝位（王位）をめぐって幾多の争いが繰り広げ
られてきたが、タロットの「皇帝」は揺るぎない秩
序と安定を象徴し、絶対的な支柱の役割を担う。

皇帝 / *The Emperor*

進むべき道の指針を与える
威厳に満ちた存在

「人は社会的な動物だ」という言葉を残したのはアリストテレスだっただろうか。人間という生物は、ひとりでは長くは生きられない。たとえ孤高の放浪者であれ、社会集団との関わりを必要とする。その「社会」はごく小さな家族単位からムラ、クニ、そして国家、さらにはそれを超える国際企業に至るまで規模はさまざまだが、それぞれの共同体にはそれを率いる長がいる。彼は共同体の求心力の中心であり、保護者にして進むべき道の指針の与え手でもある。西欧の象徴世界ではそのような存在を「王」ないし「皇帝」と呼んできたのだろう。

「皇帝」札は地上世界における「父」なるものを象徴する。彼は法(ルール)の作り手にしてその実行者としての統治者(リーダー)である。皇帝は地上の権力を行使することによって人々の安心を保証し、この現実社会の安定性を担保する。一方でその働きが硬化すると独裁的になり、共同体そのものの腐敗と崩壊をもたらすことになる。

威厳に満ち人々が進んで従う「皇帝」はどんな小さな集団にもいる。あなたが尊敬してやまないリーダーや保護者がいるとしたら、その人物は年齢や性別を問わずあなたの目の前に現れた「皇帝」だ。

怠惰に流れやすいヒトという生き物を社会のルールに従わせて律しているのは外圧的な罰則があるという理由ばかりではあるまい。一人ひとりの中に存在する、自分の人生という王国を守ろうとする内なる「皇帝」、つまり理性が、千々に乱れそうな心の動きに統一をもたらし、秩序を与えている。

尊敬すべき威厳ある人の特質を英語で「インテグリティ」という。この言葉こそ「皇帝」を形容するに最もふさわしいものではないだろうか。どんなことにも動じず、凛として自分の中に統合された芯を持つこと。浮世の波の中で「皇帝」の高潔な威厳と現実的な権力が、あなた自身と社会を支えていくのである。

ヴィスコンティ・スフォルザ版
〈皇帝〉

Visconti-Sforza Tarot
1450以降　イタリア／ミラノ　個人蔵

現存する最古のタロットのひとつ
より「皇帝」札。地上における支
配権を象徴する宝珠（オーブ）と
笏（セプター）を手にし、その冠
にはローマ帝国以来の皇帝権の象
徴である鷲を見ることができる。そ
の衣にはヴィスコンティ家の紋で
ある冠とスフォルザ家の紋である
三重のリングがともに見られる（同
じパックの「女帝」と共通）。

ヴィスコンティ・ディ・
モドローネ・タロット
〈皇帝〉

Visconti di Modrone Tarot
1445頃　イタリア
イェール大学図書館蔵（ニューヘイブン）

　2段になった台座に座した「皇帝」
は軍事権を手にしていることを示
すのか、武装しており、その大き
な帽子の鍔（つば）と胸に皇帝権の象徴で
ある鷲を見ることができる。その
周囲には4人の従者がおり、右下
の従者が王冠をささげようとひざ
まずいている。

名画に見る〈皇帝〉

『マネッセ写本』より
《ハインリヒ6世》

1300頃　ハイデルベルク
大学図書館蔵

中世ドイツの代表的な宮廷詩人の詩歌を
収録した『マネッセ写本』は、神聖ロー
マ皇帝ハインリヒ6世から始まる。鷲は
古くから権力の象徴として使われ、頭が
2つある「双頭の鷲」も多用された。

シャルル6世のタロット
〈皇帝〉

Charles VI Tarot
1475–1500頃　イタリア
フランス国立図書館蔵（パリ）

ここでも武装した「皇帝」の姿を
見ることができる。手にしている
のは支配権を示す宝珠と笏。その
右には男女だろうか、緑と赤の衣
装を着た人物がひざまずいている。
なおこのパックは「シャルル6世の
タロット」と俗に呼ばれ、14世紀末
の画家ジャックマン・グランゴヌー
ルによるとされたことがあったが、
これは誤りで、15世紀半ば以降の
作であることがわかっている。

マンテーニャのタロット
〈皇帝〉

Mantegna Tarot
1530–61頃　イタリア
大英博物館蔵（ロンドン）

ルネサンスの画家マンテーニャに誤って帰
せられてきた50枚1組のユニークなパッ
ク。通常のタロットとは構成も大きく異
なるが、横顔を見せた姿で座し、宝珠を
手にするこの「皇帝」は一般的なタロッ
トと共通する。

作者不明のパリジャンのタロット
〈皇帝〉

Tarot Anonyme de Paris
1600–50頃　フランス／パリ
フランス国立図書館蔵（パリ）

「皇帝」というより武装した将軍のような
姿で描かれているのがユニーク。頭上に
載せられた王冠には羽飾りが見られ、ま
た宮廷ではなく野外に立つその姿はまさ
に戦時を思わせる。

ミテッリ・タロッキ
〈皇帝〉

Tarocchini Mitelli
1660-70頃　イタリア
フランス国立図書館蔵（パリ）

この「皇帝」も歳を重ねた長老としての
イメージをはらんでいる。その治世も終
盤に来ているのだろうか。彼の穏やかな
目には平和を望む老賢者の姿が重なる。

タロッキ・フィーネ・ダッラ・トッレ
〈皇帝〉

Tarocchi Fine dalla Torre
17世紀　イタリア／ボローニャ
フランス国立図書館蔵（パリ）

白い髭をたくわえた年長の「皇帝」が王
権の象徴である宝珠と笏を手にして座し
ている。その姿は強い実行力というより
も、これまでの経験の蓄積を思わせる。

名画に見る〈皇帝〉

アルブレヒト・デューラー
《シャルルマーニュの肖像》(左)
《皇帝ジギスムントの肖像》(右)

1511–13 油彩／板 各215×115cm
ゲルマン国立博物館蔵（ニュルンベルク）

ローマ皇帝の理念を模範としたカール大帝（シャルルマーニュ）のこの肖像は、彼の理想像として今日まで伝わる。15世紀の神聖ローマ皇帝ジギスムントの肖像とともに、皇帝の権力を知らしめた。

マルセイユ版タロットの世界

文・夢然堂

　諸王の王たる「皇帝」は世俗世界の最高権力者であり、その点で続く「教皇」と一対をなす存在である。マルセイユ版が完成を見た17世紀頃にはフランス国内に皇帝はおらず（ナポレオンの即位はずっと後の1804年）、当時この語で自然と連想されたのはドイツの神聖ローマ帝国の君主であったろう。

　多くのパックに描かれる鷲（「女帝」札にも見える）は、古代から連綿と受け継がれるローマ皇帝の紋章である。ドイツとは歴史上絶えず衝突を繰り返した関係であったから、当時のフランスでこの札から想起されるイメージは必ずしも肯定的なものでなかったかもしれない。しかし時代をさかのぼれば、そもそも初代の神聖ローマ皇帝こそ、フランスの国父とも言えるシャルルマーニュ（カール大帝）であった。

　この札でも「女帝」同様、図版のパック4種に大したデザイン上の違いはない。王笏を手に横顔で描かれた、威厳ある姿である。コンヴェル版やミュラー版に見られる脚を組んだ様子は権威ある者の表現で、王や裁判官などの図によく見られるものである。さらに（時代的に新しいヴィアッソーネ版を除くと）、頭上に戴くのが冠というより兜のようで、武具めいた装いで野外にいる姿は軍陣にあって指揮を執る様子にも見受けられる。思えば札名（empereur）自体、古代ローマ帝国の軍司令官に与えられた称号のひとつであった。この札に描かれる皇帝が美術表現的に古代ローマの軍神マルスの姿に近いことも、単なる偶然ではなかろう。マルスはローマ建国の祖ロムルスの父であり、いわばローマ帝国の祖神。ウェヌス≒「女帝」札との関係にもつながる。

ルノーのブザンソン版〈皇帝〉

The Besançon Tarot by Renault
19世紀前半　フランス／ブザンソン　夢然堂蔵

ルヴァンのニコラ・コンヴェル版〈皇帝〉
Tarot of Marseilles by Nicolas Conver
1860年代頃　フランス／マルセイユ　夢然堂蔵

カモワンのニコラ・コンヴェル版〈皇帝〉
Tarot of Marseilles by Nicolas Conver
19世紀末　フランス／マルセイユ　夢然堂蔵

ミュラー版〈皇帝〉
Tarot of Marseilles by J. Muller
19世紀末頃　スイス／シャフハウゼン　夢然堂蔵

ヴィアッソーネのピエモンテ版〈皇帝〉
Piedmont Tarot by Alessandro Viassone
1900前後 (?)　イタリア／トリノ　夢然堂蔵

*各パックについては第1巻「愚者・奇術師」〔17〜19頁〕で解説

EMBLEMA XLVI. *De secretis Naturæ.* 193
Aquilæ duæ,una ab ortu,altera ab occasu conveniunt.

EPIGRAMMA XLVI.

JUpiter è DELPHIS aquilas misiffe gemellas
  Fertur ad Eôas Occiduásque plagas:
Dum medium explorare locum desiderat Orbis,
  (*Fama ut habet*) *Delphos hæ rediere simul.*
Ast illæ lapides bini sunt,unus ab ortu,
  Alter ab occasu, qui bene conveniunt.
     Bb   APOLLINEM

名画に見る〈皇帝〉

ミヒャエル・マイアー著
『逃げるアタランタ』より
《鷲を放つユピテル》

1617 ザクセン州立図書館蔵（ドレスデン）

権力や皇帝を象徴する鷲は、ローマ神話のユピテル（ギリシャ神話のゼウスに相当）の聖鳥でもある。本図は17世紀の錬金術の奥義書の挿絵で、２羽の鷲を世界の東西に放つユピテルが描かれている。

ミンキアーテ版
〈西の皇帝〉〈東の皇帝〉

Minchiate Tarot
1860-90頃　イタリア／フィレンツェ
フランス国立図書館蔵（パリ）

16世紀フィレンツェに起源を発し、通常の１パック78枚と異なって97枚のセットである「ミンキアーテ・タロット」には東西それぞれの「皇帝」が存在する。ミンキアーテ・タロットが成立するのは東ローマ帝国滅亡後だが、エキゾチックかつ高度な文化の源流としての東の帝国の残像は、人々の記憶の中に存在していたのだろう。

17世紀のユニークな97枚セットの「ミンキ
アーテ・タロット」。その源流であるフィレ
ンツェのミンキアーテ版とは構成が異なり「五
感」を表す札もある。いわゆる数札のスート
（組）は、記号としてはフレンチスート（ハー
トやクラブ）だが、ヨーロッパ、アフリカ、
アジア、アメリカと呼ばれている。ここに
挙げたのは各スートの王（キング）。

フランソワ・ド・ポワリーの
ミンキアーテ版〈ヨーロッパの王〉
Minchiate by François de Poilly
1658-93　フランス　フランス国立図書館蔵（パリ）

フランソワ・ド・ポワリーの
ミンキアーテ版〈アフリカの王〉
Minchiate François de Poilly
1658-93　フランス　フランス国立図書館蔵（パリ）

フランソワ・ド・ポワリーの
ミンキアーテ版
〈アメリカの王〉

Minchiate by François de Poilly
1658–93　フランス
フランス国立図書館蔵（パリ）

フランソワ・ド・ポワリーの
ミンキアーテ版
〈アジアの王〉

Minchiate by François de Poilly
1658–93　フランス
フランス国立図書館蔵（パリ）

名画に見る〈皇帝〉

ジャック=ルイ・ダヴィッド
《皇帝ナポレオン1世と
皇后ジョゼフィーヌの戴冠式》(部分)

1806-07　油彩/カンヴァス　621×979cm
ルーヴル美術館蔵 (パリ)

1804年、パリのノートルダム寺院で執り行われた戴冠式で、ナポレオンは自ら皇妃に冠を授けている。古代ローマ帝国に範を求めた彼は、19世紀のフランスに初の帝政を樹立した。

オズヴァルト・ヴィルト・タロット〈皇帝〉

Oswald Wirth Tarot
1889　フランス／パリ
フランス国立図書館蔵（パリ）

　19世紀末にオカルト主義者オズヴァルト・ヴィルトが制作したタロットの「皇帝」札。武装した皇帝は一見伝統的な札と似ているが、彼が座している立方体は物質性の象徴とされ、描かれた鷲は物質の中に捕らわれた霊を示すという。この「皇帝」はサタンの別名である「この世の君」であるとヴィルトは言うが、その解釈は一概に邪悪なものではない。宇宙的に偏在する存在から個別的な自我や物質性を獲得した魂の主として解釈できそうだ。始原の生命の海に漂う無境界な状態では現実的な「私」は生まれないのだ。

名画に見る〈皇帝〉

フリードリヒ・フォン・アマーリング
**《神聖ローマ皇帝
フランツ2世の肖像》**

1832　油彩／カンヴァス　260×164cm
美術史美術館蔵（ウィーン）

マリア・テレジアの孫にあたるフランツ2世は当時ヨーロッパに吹き荒れた革命の勢いに断固対抗するもナポレオンに敗れ、神聖ローマ帝国の解体を招く。本作は64歳、死の2年前の姿を描いたもの。

ウェイト＝スミス版
〈皇帝〉

Waite-Smith Tarot
1910　イギリス／ロンドン　夢然堂蔵

現代のタロット文化に絶大な影響
を与えたのがこのウェイト＝スミ
ス版。「皇帝」は伝統的な王笏では
なくエジプト風のアンサタ十字と
なり、鷲の紋章は消えて十二星座
のトップを走る牡羊座の形象が見
られる。「表面上は、これまで示し
たようにこの世の権力を示すよう
に見えるが、知性の王座を、つま
り動物的ではなく思考のための支
配力を示す」（大意）とウェイトは
述べている。

現代のタロット／皇帝

Contemporary Tarot Artworks / The Emperor

01.

タロット・オブ・
ミスティカル・モーメント

Tarot of Mystical Moments
by Catrin Welz-Stein

🌐 catrinwelzstein.com
📷 catrin_welzstein

女性の姿で描かれた4枚のキングお
よび皇帝を加え83枚1パックとなっ
ているのが特徴。この女性の「皇帝」
は小さな人々を支配しているが、同
時に彼らを守護しているのだという。

02.

ライトシアーズタロット

The Light Seer's Tarot by Chris-Anne

🌐 chris-anne.com
📷 pixiecurio

「光を見るもの」という名前の現代
的なタロット。ここでは地球を背
景に、平服の黒人男性が「皇帝」
として描かれている。日常性と特
権性の興味深い共存が見られる。

03.

コートニー・アレクサンダー
ダストⅡオニキス：
メラネイティド・タロット《チーフ》

Lord of the Fireflies
(IV : The Chief-Dust II Onyx : A Melanated Tarot)
by Courtney Alexander

2016　アクリル・パステル・スプレー塗装・
雑誌の切り抜き／ブリストル紙　43.18×35.56cm

🌐 dust2onyx.com
📷 dust2onyxtarot

白人が中心であったタロットの世界にブラック
パワーを持ち込む意欲作。ここではジャ
マイカ系アメリカ人の歌手グレイス・ジョー
ンズが「皇帝」のモデルとなっている。

04.

パシフィック・
ノースウェスト・タロット

The Pacific Northwest Tarot
by Brendan Marnell

🌐 brendanmarnell.com
📷 bren.marn

コロナにおける自粛期間中、ブレ
ンダン・マーネル氏が自宅近郊の
自然界をタロットにする計画を開
始。さまざまな動物が登場するな
か、「皇帝」は大きなネコ科の動物
として表現されている。

近現代絵画に見る
皇帝

文・千田歌秋

——政治、音楽、映画……
多様な分野でよみがえる
現代の皇帝たち

ジェラルド・ドットーリ
《統領》
1933　油彩／カンヴァス　101×106cm
ノヴェチェント美術館蔵（ミラノ）

アンディ・ウォーホル
《トリプル・エルヴィス》

1963　シルバー塗料・スプレー・シルクスクリーン／麻
208.9×301cm　サンフランシスコ近代美術館蔵

　　帝政の終焉により、皇帝という存在
は事実上この世から消えた。現代では
さまざまな分野において、民衆から圧
倒的な支持を得た者にこの尊号が贈ら
れる。
　　ローマ軍最高司令官の栄光を現代に
よみがえらせ、皇帝のように礼賛され
たムッソリーニ。ドットーリは、彼の
肖像画に航空機を配し、その権勢を表

現した。ファシズムの夢を乗せた鋼鉄
の鷲はしかし、大戦中に迎撃されるこ
とになる。
　　大戦後の米国で最も国民の人気を集
めて、ショービジネス界における諸王
の王となったエルヴィス・プレスリー。
ウォーホルは、彼の姿を複製、反復す
ることによって、メディアの拡散力で
絶対的存在になっていく過程を示した。

皇帝からのメッセージ

★ 内なる「皇帝」はあなた自身 ★

「皇帝」は人間集団を現実的に統率する
強いリーダーシップを象徴する。
人々の集まりにおいて実際に決断を下し
彼らを指揮する立場という場合もあるし、
個人の内的な状況としては自分をしっかりと持って
社会と対峙していく力を示す場合もある。
このカードが出たときには、性別や年齢を問わず
リーダーシップをとる人物がキーパーソンとなる。
あなたの周囲にそんな人物がいないか見渡してみよう。
もちろん、そうした人物に人生の舵取りを
すべて任せてしまってはいけない。
あなた自身が内なる「皇帝」を見出し、
自分の人生に応答する責任を持たなければならないのだ。
あなたの人生の「皇帝」はあなた自身なのだから。

Love / 恋愛

自分自身で決断を下す。
強いリーダーシップや社会的なステイタスを持つ人。
まっすぐで揺るがない気持ちで接する人との恋が始まるかも。
場合によってはあなた自身のリーダーシップを示す。
また、周囲の状況に流されず常に自分自身を保つべき。
否定的に出た場合には強引な相手や強権的なふるまいを暗示。

Work / 仕事

まさに社会の中で自分自身の力をふるうことができるとき。
現実的な思考ができ、それに基づいて自分で方針を
正しく決定できるだろう。
人々の心を掌握してリーダーシップを握ることもできる。
それに伴う責任を担うことで成功に導かれる。
ただ、強引な手腕と読むこともできるので注意を。

Relationship / 対人関係

あなた自身が強いリーダーシップをとり、人々を導くことができる。
自分が正しいと思ったようにふるまうことが正解。
あなた自身の方針を曲げないようにすること。
ただし、寛大さを見失っては「暴君」になってしまう。
独善的にならないように周囲の意見に
耳を傾けつつ、指導力を発揮して。

ヤン・ファン・エイク《ヘントの祭壇画》より〈全能の神〉
1432 シント・バーフ大聖堂蔵（ヘント）

ウェイト＝スミス版〈教皇〉
Waite-Smith Tarot
1910　イギリス／ロンドン　夢然堂蔵

教皇

聖俗両界の最高権力者として「皇帝」とともに「教皇」も存在する。神の代理人を遊戯用のカードに登場させるのは不敬ととらえられることもあったが、その権威と神秘性は失われていない。神と人間の橋渡しをする「教皇」のタロットにおける役割とは？

教皇 / *The Hierophant*

神と人間を結ぶ
霊的な権威の担い手

「皇帝」が地上の権力の象徴だとすれば、「教皇」は神と人間を結ぶという霊的な権威の担い手である。世俗の権力と霊的権威の2つの歯車が社会を回していると、少なくとも考えられていたのである。もっとも、現実の歴史の中ではこの2つの力はしばしば衝突していたわけだが……。

タロットに「教皇」札があることは、冷静に考えればとてもスリリングだ。不可侵の権威であるはずの神の代理人が遊戯用のカードの中に存在する。人々の心には社会のかしこまった階層や立場さえも遊びにしてしまう自由さがあったのだ。もちろん、そこには当然圧力もかかったわけで、時折「教皇」（と「女教皇」）の札はローマ神話のユピテルやユノーなどのより無害な存在へと置き換えられた。

また近代に入りタロットが秘教化した後、「教皇」はキリスト教の枠組みを超えて、霊的世界と人間界の橋渡しをする「神官」の

名前を与えられた。神官が取り次ぐ「聖なるもの」は、人間の尺度では簡単には善悪の区別がつけがたい。というのも善は容易に悪に堕してしまうからだ。ゲーテの言うように、悪をなそうとして結果的に神に仕えるサタンのような存在もあろう。19世紀のオカルト主義者エリファス・レヴィはこの光と闇のパラドクスを、教皇の「祝福のサイン」の影が悪魔の顔になるように巧みに描き出している。

エリファス・レヴィ著
『高等魔術の教理と祭儀』
(1854) より
〈祝福のサイン〉

ヴィスコンティ・スフォルザ版
〈教皇〉

Visconti-Sforza Tarot
1480–1500頃　イタリア／ミラノ
モルガン・ライブラリー・アンド・
ミュージアム蔵（ニューヨーク）

現存する最古のタロットのひとつよ
り「教皇」札。教皇権の象徴である
三重冠をかぶり、右手で祝福のサイ
ンを与えている教皇の姿がここにあ
る。その黄金の衣に見える紋様は、
同じヴィスコンティ・スフォルザ
版の金貨のスートの紋様と似てい
る。またヴィスコンティ家の紋の
ひとつ、輝く太陽にも見える。

シャルル6世のタロット
〈教皇〉

Charles VI Tarot
1478–1500頃　イタリア
フランス国立図書館蔵（パリ）

誤って14世紀のシャルル6世のタ
ロットと呼ばれてきたパックだが、
実際には15世紀の制作物。聖ペテ
ロがイエスから与えられたという
天国の鍵を手にした「教皇」が、赤
い衣の2人の枢機卿にかしずかれ
ている。

名画に見る〈教皇〉

カルロ・クリヴェッリ
《聖母子と聖人たち》
1488頃 油彩／板 191×196㎝
国立博物館蔵（ベルリン）

中央で幼子イエスから天国の鍵を受け取っているのは十二使徒のひとり、ペテロ。足元の教皇冠は後に初代ローマ教皇とみなされたことを示す。彼の墓の上にサン・ピエトロ大聖堂が建てられたとされる。

作者不明のパリジャンのタロット〈教皇〉

Tarot Anonyme de Paris
1600–50頃　フランス／パリ
フランス国立図書館蔵（パリ）

天国の鍵と3本の横木が交差した十字架を
持つ「教皇」が描かれている。他のパック
の「教皇」札と異なるのは、その足元にス
フィンクスと思しき謎めいた生き物が描か
れていることだ。後のオカルト主義者ヴィ
ルトはここに古代からの秘教的伝統の残響
を見ているが、どうだろうか。

マンテーニャのタロット〈教皇〉

Mantegna Tarot
1530–61頃　イタリア
大英博物館蔵（ロンドン）

画家マンテーニャの制作と誤って考えられ
ていたカードセット。50枚からなるこのパッ
クは通常のタロットとは異なり、この社
会と宇宙の階層を描くとされ、「教皇」は
人間界における最高の地位を示していた。

名画に見る〈教皇〉

ペドロ・ベルゲーテ
《教皇グレゴリウス1世》
1495頃　油彩・金箔／板　85.5×70cm
カタルーニャ美術館蔵（バルセロナ）

15世紀に描かれた肖像だが、グレゴリウス1世が即位したのは西暦590年。教皇は「神のしもべのしもべ」であると称して教会や典礼などさまざまに改革を図り、「大教皇」という呼び名を持つ。

名画に見る〈教皇〉

ヤン・ファン・エイク
《ヘントの祭壇画》より
〈教皇〉

1432 油彩／板 340×520cm
シント・バーフ大聖堂蔵（ヘント）

ファン・エイクの代表作のひとつ、
《ヘントの祭壇画》に描かれた3名
の教皇。彼らは当時40年近くも続
いた教会大分裂に関わった教皇た
ちで、事件の収束を示すかのよう
に画中で一堂に会している。

ラファエロ・サンツィオ
《教皇レオ10世と
ジュリオ・デ・メディチ枢機卿、
ルイージ・デ・ロッシ枢機卿の肖像》

1518頃　油彩/板　155.5×119.5cm
ウフィツィ美術館蔵（フィレンツェ）

レオ10世はフィレンツェで権勢を
誇ったメディチ家の一員。サン・
ピエトロ大聖堂建設の資金集めの
ため贖宥状を販売し、宗教改革を
招く。絶大な権力をふるった教皇
の素顔をありのままに描いた作品。

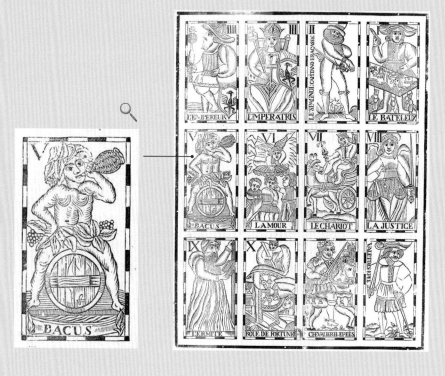

ヴァンデンボルル・
バッカス・タロット
〈バッカス〉

Vandenborre Bacchus Tarot
1790-1850　ベルギー／ブリュッセル
フランス国立図書館蔵（パリ）

タロットという遊戯用の札の中に「教皇」
を置くのはいかにも不敬だと考えられた
のだろう。しばしば「教皇」は他の人物
と置換された。これは酒神バッカスと入
れ替えられた例。酒樽とブドウが、この
神がバッカスであることを示している。

V

JUPITER.

淑女のための
プティ・オラクル・カード
〈ユピテル〉

Le Petit Oracle des dames ou Récréation des curieux
1807　フランス／パリ
フランス国立図書館蔵（パリ）

18　*Jupiter.*

Protecteur.

1JJタロット〈ユピテル〉

1 J J Tarot
19世紀　スイス／シャフハウゼン
大英博物館蔵（ロンドン）

その復刻が一時人気であったスイスの1JJ
タロットでは「教皇」が「ユピテル」に、
「女教皇」が「ユノー」になっている。そ
の2枚の頭文字をとって「1JJタロット」
という愛称がついたようだ。また18世紀
以降、盛んに制作されるようになったタ
ロットとは異なる占い専用トランプでも、
しばしば「ユピテル」など古典神話の図
像が採用されている。

マルセイユ版タロットの世界

文・夢然堂

伝統的なキリスト教世界において「教皇」は聖界の長であり、アカデミー・フランセーズ辞典初版（1694年）の該当項には「地上におけるキリストの代理人」「キリスト教徒共通の父」といったフレーズが見られる。帝冠を俗界の長に授ける権能を持つ者として、本質的に皇帝を超える存在であった。切札における二者の位置関係にも、そうした事情が反映しているようだ。また、「教皇」をヨーロッパ伝統の三身分における最上位の「祈る者」、皇帝をその下の「戦う者」の代表として見ることもできる。実際、そのように描かれた美術作品も存在している（残りの「働く者」は「奇術師」としたいが、この件についてはまた第6巻「運命の輪」の項で触れる）。

そのような教皇を、教会から見れば卑賤な賭博の具であるタロットに押し込めてあるのは（しかも比較的低位の札として）、全く他意のないこと、では到底ないだろう。

コンヴェル版やミュラー版、ヴィアッソーネ版では三重冠に横木3本の十字といった、典型的な教皇のシンボルが見られる。前二者では、謁見者らしき2人も後ろ姿を見せている。一方でブザンソン版ではローマ神話の最高神格ユピテルが足元に眷属の鷲、手には雷電という立ち姿で描かれており、第2番の孔雀を伴った妻ユノー〔第2巻参照〕と好一対をなしている。ユピテルと同一視された木星は占星術において宗教を司る星とされ、まさしく教皇の姿が描かれた木星の図像も複数存在する。さらに、ユピテルと前項のマルス神が決して折り合いのよくない親子であったという事実は、教皇と皇帝の関係に照らしてみると興味深い。

ルヴァンのニコラ・コンヴェル版〈教皇〉

Tarot of Marseilles by Nicolas Conver
1860年代頃　フランス／マルセイユ　夢然堂蔵

カモワンのニコラ・コンヴェル版〈教皇〉

Tarot of Marseilles by Nicolas Conver
19世紀末　フランス／マルセイユ　夢然堂蔵

ルノーのブザンソン版〈ユピテル〉
The Besançon Tarot by Renault
19世紀前半　フランス／ブザンソン　夢然堂蔵

ミュラー版〈教皇〉

Tarot of Marseilles by J. Muller
19世紀末頃　スイス／シャフハウゼン　夢然堂蔵

ヴィアッソーネのピエモンテ版〈教皇〉

Piedmont Tarot by Alessandro Viassone
1900前後 (?)　イタリア／トリノ　夢然堂蔵

*各パックについては第1巻「愚者・奇術師」〔17〜19頁〕で解説

49

名画に見る〈教皇〉

ディエゴ・ベラスケス
《教皇インノケンティウス10世の肖像》
1650頃　油彩／カンヴァス　141×119 cm
ドーリア・パンフィーリ美術館蔵（ローマ）

教皇に即位して以降、人望は薄く、さまざまな強硬策をとり、教皇の権威を衰えさせたとして知られる。ベラスケスは醜聞にまみれた教皇を美化せず、リアリズムに徹した。

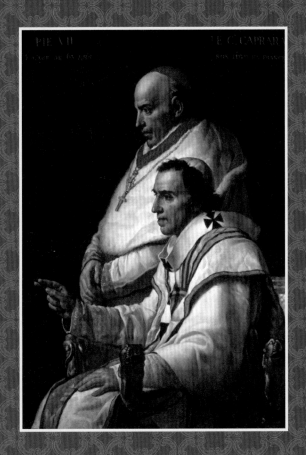

ジャック=ルイ・ダヴィッド
《教皇ピウス7世と
カプラーラ枢機卿の肖像》
1808またはそれ以降　油彩／板　138.1×96cm
フィラデルフィア美術館蔵

ナポレオン1世の戴冠式を描いた作品〔24頁〕でも同じように手を上げて祝福するピウス7世。ダヴィッドは戴冠式という緊張の瞬間における教皇の様子を何度も描いたという。

36.

HOMME BLOND.

Le Pape

HOMME EN PLACE.

36.

グラン・エテイヤ
（タロット・エジプシャン）
〈教皇〉

Grand Etteilla or Tarot Égyptien
1875–99頃　フランス／パリ　鏡リュウジ蔵

18世紀末のカード占い師エテイヤ
が制作した史上初の「占い専用タ
ロット」。枚数こそ78枚と通例の
タロットと同じだが、その構成は
全く異なる。通し番号36のこの札
は通常のタロットの「杯の王」に
相当するが、「教皇（Le Pape）」の
タイトルもついている。グリモー
社の冊子ではよき益をもたらす男
性を象徴するという。

オズヴァルト・ヴィルト・タロット〈教皇〉

Oswald Wirth Tarot
1889　フランス／パリ　フランス国立図書館蔵（パリ）

19世紀末のオカルト主義者オズヴァルト・ヴィルトによるタロットの「教皇」。複雑な象徴的意味が付与されているが、面白いのはその三重冠への意味付けである。それは外的儀礼や伝統を示す第一の輪、魂を意味する第二の輪、さらに最も簡素で小さな輪が神への抽象的認識を表すという。3本の横木がある十字は、その7つの先端（最も下を除く）が7つの惑星や音階を象徴しているのだそうだ。

ウェイト＝スミス版〈教皇〉

Waite-Smith Tarot
1910　イギリス／ロンドン　夢然堂蔵

20世紀以降のタロット文化に決定的な影響を与えたのがこのウェイト＝スミス版。天国の鍵、三重冠、三重の十字、祝福のサインなど伝統的な「教皇」札と共通する象徴が多く見られるが、ウェイトによれば彼は「秘儀の祭司」である。ただ、この祭司は「高等女司祭」（女教皇）がより秘教的、内奥的な力を表すのに対して、外的、顕教的宗教の権力を示すという。

01.

タックのクイア・タロット：
33本のおちんちんのある大アルカナ
〈V バッカス〉

Queer Tarot : Major Arcana with 33 Willies
大塚隆史 *aka TAQOTSUKA, mixed media, 2019*

⊕ tacsknot-01.stores.jp
◎ taqotsuka

現代的なゲイテイストあふれる作品22枚すべてに男性器が描かれる。現物は立体。伝統的な「教皇」をローマ神話の酒神バッカスに置き換えたヴァンデンボルル・バッカス・タロット〔44頁〕にならっている。

02.

5. THE HIEROPHANT

*meg*art*（田村 恵）

⊕ linktr.ee/megs_art_page
◎ megs_art_page

人物像をあえて用いず伝統的モチーフのみを使って表現されたタロットアート。バンダナなどのデザインにも流用され、タロット文化の広がりを感じる。

03.

シャドウスケープ・タロット

Shadowscapes Tarot by Stephanie Law

🌐 shadowscapes.com
📷 spmlaw

ファンタジー小説の中に入り込んだ
かのような世界観のタロット。「教
皇」は古い樹木の霊のような姿で描
かれ、小さな火トカゲにその教えを
伝えているように見える。

04.

教皇

Stickybeakstudio

🌐 stickybeakstudio.etsy.com

デジタルプリントとして頒布さ
れるイラストレーション。通常
の穏やかな「教皇」ではなくイ
ライラが伝わってくるような描
写が印象的。この「教皇」は何
を伝えようとしているのか。

近現代絵画に見る

教皇

—— 教皇たちの知られざる苦悩と
闇の側面を描く

文・千田歌秋

ニコロ・バラビーノ
《ボニファティウス
8世の死》
1866　油彩／カンヴァス
182×257.5cm
アッシャー・ギャラリー蔵
（ロンドン）

　神の教えや美徳について説く教皇は、寛大かつ謙虚な人格者でなければならない。しかし実際の教皇は、王族との権力闘争や教会内の派閥争いに明け暮れた者も多く、近代以降の芸術においては、崇敬よりも風刺の対象となった。

　フランス王と激しく争い、監禁や暴行の仕打ちを受け、屈辱のうちに世を去ったボニファティウス8世。バラビーノは、彼の憤死の場面を画題に選び、教皇権の讃美ではなく失墜を描いた。

　ベーコンは、ベラスケスの描くインノケンティウス10世の肖像画〔50頁〕を心理的な闇の表出として再構築した。権力に取り憑かれた教皇の猜疑心と絶望感が、叫び声とともに屹立している。

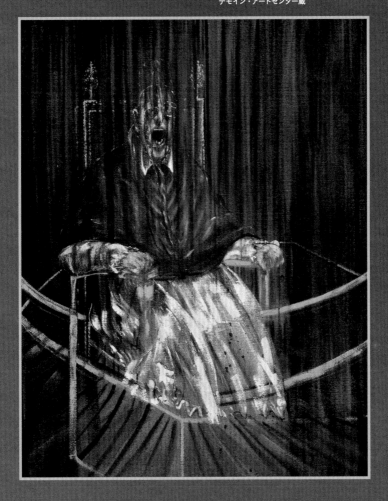

教皇からのメッセージ

★ 心の支柱やアドバイスを得る ★

「教皇」の札は世俗の権力やリーダーシップを示す
「皇帝」とは対照的に、精神的な権威を示している。
現実社会の中で人々を動かすことはないかもしれないけれど、
人々が心の支柱と安寧を得ることができるような存在、
あるいは社会の倫理的、道徳的規範を表す。
もしくはそこから来るようなアドバイスや
精神的なよりどころ、指導などを示すこともある。
宗教や哲学（しかもそれは公のもの）との
関わりを示すこともしばしばある。
一般的にこのカードが出ると、よきアドバイスや
助言が得られることが多い。
しかし、この札の意味が悪く出ると
自分が内面化している信条に固執してしまい、
独善的な思想に取り憑かれることもある。

Love / 恋愛

精神的に高め合うことができる恋愛や関係性。
公に人々から認められ祝福されるような間柄。
互いの価値観や世界観、人生観が合致している相手。
尊敬から始まる恋。結婚へと動き出す。
困ったことがあれば年長者や信頼できる人に
アドバイスを求めるのもよい。
シングルの人は年長者からの紹介なとも期待。

Work / 仕事

社会的コンプライアンスを遵守した仕事。
信頼を基盤としたビジネス関係。
よいビジネスマナー。あるいは第三者による仲介。
法的な問題はスムーズな解決に向かう。
NPO法人なと社会的な利益を求めるための仕事。
医療や教育に関する仕事。

Relationship / 対人関係

何よりも精神的な、心理的な信頼。互いの精神的な価値観や
人生観が一致していることによる安心感。
信念を同じくする共同体の中でのつながり。
宗教的コミュニティとのつながりもあるかもしれない。
また精神的に高め合うような関係。師弟のつながり。
メンターシップ、スーパーヴィジョン。

❧ 特別寄稿 ❧

絵画を読む、タロットを読む

千田歌秋

本書を手にしているあなたは、タロットに興味があるか、美術に造詣が深いか、あるいはその両方だろう。そんなあなたが、ある架空の美術館を訪れたと想像してみよう。

数々の名画が並ぶ展示室を歩いていると、ふと絵画の登場人物が動いた気がした。もちろん物理的に絵柄が動くわけではないが、あなたが作品に没入すると、絵の中のイメージが動き出すのだ。鑑賞者の意識が参与することで、ただの物質だった絵が、役者たちの躍動する舞台となるのである。そこで展開されるドラマに、あなたは演者として、もしくは観客として参加することになる。

絵の人物たちは何かを語り、どこかへ移動していく。彼らは特定の存在として描かれていたが、同時に誰にでもなることができた。あなたが主役として舞台に上がれば、その絵はあなたの物語になり、誰かを思い描いて投影すれば、あなたはその人が今後演じるであろう人生を観劇することになるのだ。あなたは絵を見て回り、何人もの人生をひもとき、いくつものドラマを目撃していく。さらには時々その人物に話しかけ、このまま進むと崖から転落するから気をつけてとか、今は2人きりで乾杯しているけれど、次の絵ではもう1人現れてあなたたちを祝福するはずだなとと、アドバイスやメッセージを真剣に送っていたのである。

美術館を後にしてから、あなたはそれらの絵が全部で78枚あったことを知る。どうやらそれはタロットカードの原画展だったようだ。知らず知らずのうちに、あなたはそのタロットの絵で、さまざまな人生の物語を読み解き、その未来を予想し、おまけに助言までして、つまりはいろいろな人を占っていたのである。

展示室を飾る絵を描いたのは、自身の名を冠するタロットが発売されたことのある画家たちである。オリジナルタロットを書き下ろしたダリやキャリントンもいれば、作品を集めてタロットが制作されたラッカムやデュラック、

絵のモチーフが利用されたクリムトやミュシャ、オマージュを捧げられたジョット、ボッティチェリ、ダ・ヴィンチ、デューラー、ミケランジェロ、ボス、ブリューゲルといった巨匠もいる。時代もスタイルもバラバラだが、どの絵画にも共通しているのは、特定の人物のドラマや神話が、普遍的な人間の営みとしても表現されていることだ。

本書で私が担当した「近現代絵画におけるタロット」は、タロットカードとして通用する絵画、幾通りもの物語を紡いでくれる普遍的な名画を紹介する企画である。いわば架空の「タロット原画展」をキュレーションさせていただいたことになる。鑑賞者は、純粋にその美的価値を楽しんでもいいし、図像解釈を追究しても、登場人物の物語を空想しても、自分自身あるいは誰かを占ってもいいだろう。大アルカナ（絵札）の各カードに2枚ずつの絵画を掲載してあるが、絵柄によって、そして誰をその舞台に投影するかによって、演じられる劇も、隠された意味も、

また占いの結果も変わってくるはずだ。

絵画解釈とタロット占いは似ている。どちらも絵の象徴から意味を読み取る試みである。絵画のストーリーやシンボルを解読し、画家の意図や寓意を考察するのが、絵画解釈であり、それを相談者の物語として語り直し、当事者にとっての意味を見出すのが、タロット占いなのである。

絵画というものは、ひとつの逸話だけ提示するわけではない。鑑賞者がいる限り、その饒舌な沈黙は、あらゆる人の物語を、すべての人が共有する神話を、語り続ける。あなたはその無言で響き合う無数の詩歌の中から、その時必要な神託を受け取ることができるだろう。絵を読むことは、言葉のない詩に耳を傾けること、タロットを読むことは、言葉のない詩を誰かに届けることなのだ。

（せんだ・かあき　占いカフェ＆バー燦伍のオーナー占い師）

切札一覧（大アルカナ）

* 図版はすべて、ウェイト＝スミス版（1910、イギリス／ロンドン、夢然堂蔵）。
* 掲載順は伝統的なマルセイユ版に基づき、第8番を「正義」（第5巻）、第11番を「力」（第6巻）とした。
* 数札・人物札（小アルカナ）は第12巻に掲載。

0 愚者
The Fool〔第1巻〕

1 奇術師
The Magician〔第1巻〕

6 恋人
The Lovers〔第4巻〕

7 戦車
The Chariot〔第4巻〕

8 正義
Justice〔第5巻〕

9 隠者
The Hermit〔第5巻〕

14 節制
Temperance〔第8巻〕

15 悪魔
The Devil〔第8巻〕

16 塔
The Tower〔第9巻〕

17 星
The Star〔第9巻〕

2 女教皇
The High Priestess〔第2巻〕

3 女帝
The Empress〔第2巻〕

4 皇帝
The Emperor〔第3巻〕

5 教皇
The Hierophant〔第3巻〕

10 運命の輪
Wheel of Fortune〔第6巻〕

11 力
Strength〔第6巻〕

12 吊られた男
The Hanged Man〔第7巻〕

13 死神
Death〔第7巻〕

18 月
The Moon〔第10巻〕

19 太陽
The Sun〔第10巻〕

20 審判
Judgement〔第11巻〕

21 世界
The World〔第11巻〕

鏡 リュウジ（かがみ・りゅうじ）

占星術研究家、翻訳家。1968年、京都府生まれ。国際基督教大学卒業、同大学院修士課程修了（比較文化）。英国占星術協会会員、日本トランスパーソナル学会理事、東京アストロロジー・スクール主幹。平安女学院大学客員教授、京都文教大学客員教授。著書に『鏡リュウジの実践タロット・リーディング』『タロットバイブル 78枚の真の意味』（以上、朝日新聞出版）、『タロットの秘密』（講談社）、『はじめてのタロット』（ホーム社）、訳書に『ユングと占星術』（青土社）、『神託のタロット ギリシアの神々が深層心理を映し出す』『ミンキアーテ・タロット』（以上、原書房）など多数。『ユリイカ タロットの世界』（青土社）責任編集も務める。

夢然堂（むぜんどう）

古典タロット愛好家。『ユリイカ タロットの世界』（青土社）では、『「マルセイユのタロット」史概説』と「日本におけるタロットの受容史」を担当。その他、国内外の協力作品や企画多々。第4回国際タロット賞選考委員。福岡県在住。

千田歌秋（せんだ・かあき）

東京麻布十番の占いカフェ＆バー燦伍（さんご）のオーナー占い師およびバーテンダー。著書に『はじめてでも、いちばん深く占えるタロット READING BOOK』（学研プラス）、『ビブリオマンシー 読むタロット占い』（日本文芸社）がある。

写真協力：夢然堂／鏡リュウジ／アフロ（akg-images / Erich Lessing / K&K Archive）／© SIAE, Roma & JASPAR, Tokyo, 2023 G3393〔30頁〕、© 2023 The Andy Warhol Foundation for the Visual Arts, Inc. / Licensed by ARS, New York & JASPAR, Tokyo G3385〔31頁〕、Study After Velázquez's Portrait of Pope Innocent X,1953[CRno.53-02]©The Estate of Francis Bacon. All rights reserved. DACS & JASPAR 2023 G3385〔57頁〕

アルケミスト双書 タロットの美術史〈3〉

皇帝・教皇

2024年1月20日　第1版第1刷発行

著者	鏡 リュウジ
発行者	矢部敬一
発行所	株式会社 創元社　https://www.sogensha.co.jp/
本社	〒541-0047 大阪市中央区淡路町4-3-6 Tel.06-6231-9010　Fax.06-6233-3111
東京支店	〒101-0051 東京都千代田区神田神保町1-2 田辺ビル Tel.03-6811-0662（代）
印刷所	図書印刷 株式会社
装幀・組版	米倉英弘・鈴木沙季・橋本 葵（細山田デザイン事務所）
編集協力	関 弥生